GRAPHIC LIBRARY
en español

HISTORIA GRÁFICA

EL VALIENTE ESCAPE DE ELLEN Y WILLIAM CRAFT

por Donald B. Lemke

ilustrado por Phil Miller, Tod Smith y
Charles Barnett III

Consultor:

Lois Brown, Doctor en Filosofía

Mount Holyoke College

South Hadley, Massachusetts

Capstone *press*®

Mankato, Minnesota

Graphic Library is published by Capstone Press,
151 Good Counsel Drive, P.O. Box 669, Mankato, Minnesota 56002.
www.capstonepress.com

1 2 3 4 5 6 11 10 09 08 07 06

Library of Congress Cataloging-in-Publication Data
Lemke, Donald B.
  [Brave escape of Ellen and William Craft. Spanish]
  El valiente escape de Ellen y William Craft/por Donald B. Lemke; ilustrado por Phil Miller,
Tod Smith y Charles Barnett III.
  p. cm.—(Graphic library. Historia gráfica)
  Translation of: The brave escape of Ellen and William Craft.
  Includes bibliographical references and index.
  ISBN–13: 978–0–7368–6619–4 (hardcover : alk. paper)
  ISBN–10: 0–7368–6619–1 (hardcover : alk. paper)
  ISBN–13: 978–0–7368–9687–0 (softcover : alk. paper)
  ISBN–10: 0–7368–9687–2 (softcover : alk. paper)
  1. Fugitive slaves—United States—Biography—Juvenile literature. 2. Fugitive slaves—
England—Biography—Juvenile literature. 3. Craft, Ellen—Juvenile literature. 4. Craft, William—
Juvenile literature. 5. African Americans—Biography—Juvenile literatue. 6. Slavery—United
States—History—19th century—Juvenile literature. I. Barnett, Charles, III, ill. II. Miller, Phil, ill.
III. Smith, Tod, ill. IV. Title. V. Series.
E450.L4618 2007
306.3'62092273—dc22   2006040612

Summary: In graphic novel format, tells the story of Ellen and William Craft's escape from
slavery in Georgia to freedom in Pennsylvania, in Spanish.

Art and Editorial Direction	*Editors*
Jason Knudson and Blake A. Hoena	Gillia Olson and Martha E. H. Rustad
Designers	*Translation*
Bob Lentz and Linda Clavel	Mayte Millares and Lexiteria.com
Colorist	
Marty Van Dyke	

Nota del Editor: Los diálogos con fondo amarillo indican citas textuales de fuentes fundamentales. Las citas textuales de dichas fuentes han sido traducidas a partir del inglés.

Direct quotations appear on the following pages:
Pages 7, 11, 13, 19, 20, 21, 22, 23, 24, 25, 27, *Running a Thousand Miles for Freedom* by
    William Craft (Athens, Ga.: University of Georgia Press, 1999).

TABLA DE CONTENIDOS

CAPÍTULO 1

UNA PAREJA DE ESCLAVOS

En 1848, Ellen Craft tenía 22 años de edad y vivía en Macon, Georgia. Era una costurera talentosa, también era una esclava. La costura mantenía a Ellen fuera de los campos, en donde la mayoría de los esclavos trabajaban. Por el contrario, ella pasaba largos días dentro de la casa, cosiendo cortinas, ropa y cobertores para sus dueños, la familia Collins.

¡Apúrate con el vestido de mi hija! Todavía hay mucho más trabajo por hacer.

Sí, señora Collins.

El más reciente trabajo que le habían asignado a Ellen era coser un vestido para Navidad.

Ellen compartía la cabaña con su esposo, William Craft. William tenía 24 años y era ebanista. Trabajaba para su dueño, Ira Taylor.

Ay William, ya no puedo vivir de esta manera.

¿Cómo podemos siquiera pensar en tener hijos y darles esta vida tan horrible?

Pero queremos formar una familia.

Los Craft sabían que los niños nacidos en esclavitud podrían ser vendidos a otros dueños de esclavos.

6

A los 11 años de edad, Ellen fue alejada de su madre. Cuando William era un jovencito, sin poder hacer nada al respecto, vio cómo su familia era vendida y alejada de él.

¡No dejaré que mis hijos crezcan siendo esclavos! No dejaré que sean vendidos como si fuesen ganado.

Entonces tenemos que irnos de aquí si es que queremos formar una familia.

Algunos esclavos sureños habían escapado hacia los estados libres en el norte.
Pero los Craft vivían a más de mil millas de Pensilvania, el estado libre más cercano.

Ya hemos hablado acerca de huir, pero es demasiado peligroso.

Si los buscadores de esclavos no nos encuentran, nos ahogaremos en los helados ríos, o...

Ellen, ¡Tengo un plan!

El dueño de William le había permitido ahorrar un poco del dinero que había ganado.

Puedo comprar boletos para el tren y ropa para que te disfraces.

¿Pero que pasará si nos atrapan? ¡Nos podrían golpear o incluso matar!

Ellen temía que el plan no funcionara. Pero tampoco quería quedarse allí.

El viaje parece demasiado difícil, pero con la ayuda de Dios ¡escaparemos!

Entonces tenemos que empezar hoy. Sólo faltan ocho días para Navidad.

Algunos dueños les permitían a sus esclavos ir a visitar a sus familiares y amigos durante las fiestas. Los Craft sabían que ésta sería su única oportunidad para escapar.

Durante los siguientes cuatro días, William y Ellen se prepararon para su viaje secreto.

William compró el resto del disfraz para Ellen: un sombrero de copa, una camisa para caballero y un par de gafas.

Nunca pensé que cosería unos pantalones para mí.

Los Craft pidieron permiso para ir a visitar a sus amigos que vivían cerca. Los esclavos necesitaban pases de sus dueños para poder viajar solos.

Asegúrate de estar de regreso el día después de Navidad.

Sí, señor.

Si todo sale bien, nunca regresaré.

Después de rezar por un viaje seguro, los Craft estaban listos para encaminarse hacia la estación de tren Macon. Salieron justo antes de que amaneciera el 21 de diciembre de 1848.

Vamos, querida, demos este desesperado salto hacia la libertad.

Los Craft tomaron diferentes caminos hacia la estación de tren. William se fue por un atajo para evitar ser visto. Ellen viajó sin esconderse por el camino.

13

CAPÍTULO 3 DOS BOLETOS HACIA LA LIBERTAD

Cuando llegaron, aún era temprano. Ellen rápidamente se encaminó hacia la taquilla. Aquí, enfrentó su primera prueba.

¿A dónde?

Savannah.

Un boleto para mí y otro para mi esclavo.

Sí, señor.

TAQUILLA

Por la mañana, Ellen no pudo evitar más a los demás pasajeros. En el desayuno, contestó preguntas e intentó hablar como hombre. William le ayudó a cortar su comida.

Espero que se sienta mejor esta mañana.

Sí. Me siento un poco mejor. Espero que los doctores en Filadelfia puedan ayudarme.

Algunos pasajeros le ofrecieron a Ellen sus mejores deseos. Otros, le dieron consejos.

Tiene usted a un chico muy atento, señor; pero deberá mantenerlo bien vigilado cuando lleguen al norte.

Si se lo lleva al norte, es seguro que se escape.

Por favor registre su nombre aquí, señor, y también el de su esclavo.

¿Podría usted hacerlo por mí, señor? Mi brazo esta lesionado y no puedo escribir.

Los pasajeros deben firmar sus propias formas.

Ellen sintió como si se le fuera el alma a los pies. No sabía qué hacer.

Justo entonces, el hombre que le había dado consejos a Ellen en el barco de vapor se acercó.

Este hombre es mi amigo. Yo respondo por él.

El capitán del barco de Wilmington se acercó y tomó la pluma. No dudó del hombre que se había ofrecido y no quería que sus agentes de aduanas le causaran más problemas al enfermo pasajero.

Gracias señor. Yo registraré el nombre del caballero, y yo mismo tomaré la responsabilidad.

¿Cuál es su nombre señor?

William Johnson.

LOS CRAFT

→ Ellen y William Craft finalmente tuvieron cinco hijos. Todos crecieron libres.

→ Ellen Craft nació en Clinton, Georgia, en 1826. Su padre fue James P. Smith, un dueño de esclavos. La madre de Ellen, María, era una de las esclavas de Smith. En esa época, los hijos de las esclavas también se convertían en esclavos.

→ William Craft nació en la esclavitud en 1824. A los 16 años, William vio cómo su hermana menor era vendida en una subasta de esclavos y alejada de él. Pensó que nunca volvería a verla. Sin embargo, se volvieron a reunir casi 50 años después.

→ Los Craft se conocieron mientras vivían en Macon, Georgia. Aproximadamente en 1846, los dueños de William y Ellen les dieron permiso de casarse y vivir juntos. Los matrimonios entre esclavos no eran legales. Se casaron oficialmente cuatro años más tarde, el 7 de noviembre de 1850 en Boston, Massachusetts.

→ Después de escaparse de la esclavitud, los Craft se establecieron en Boston. William abrió un taller de muebles, y Ellen ganaba dinero cosiendo. La pareja se incorporó al movimiento abolicionista contra la esclavitud y dieron discursos sobre su viaje. Esperaban que su historia ayudaría a abolir la esclavitud.

→ En 1850, una revisión a la Ley de los Esclavos Fugitivos de 1793, permitía a los dueños de esclavos ir en busca de los esclavos que habían escapado, en cualquier parte de los Estados Unidos. En noviembre de 1850, Ellen y William salieron huyendo hacia Liverpool, Inglaterra.

→ Como esclavos, Ellen y William Craft no tenían permiso de ir a la escuela en los Estados Unidos. Ellos aprendieron a leer y a escribir en Inglaterra. En 1860, William escribió un libro: *Running a Thousand Miles for Freedom: The Escape of William and Ellen Craft from Slavery.*

→ En 1861, los estados del norte empezaron a luchar contra los estados del sur en la Guerra Civil. Después de terminar la guerra en 1865, el Congreso aprobó la Enmienda 13. Esta adición a la Constitución de los Estados Unidos abolía la esclavitud. Cuatro años más tarde, William y Ellen viajaron de regreso a los Estados Unidos.

→ En 1870, los Craft regresaron a Georgia por primera vez desde su escape. La pareja construyó una casa cerca de Savannah. También fundaron una escuela para niños afroamericanos.

→ En 1891, Ellen Craft murió a la edad de 65 años. William murió en 1900. Tenía 76 años.

GLOSARIO

el Congreso—el órgano gubernamental de los Estados Unidos que elabora las leyes

la Constitución—el sistema escrito de leyes en los Estados Unidos que declara los derechos de las personas y el poder del gobierno

la costurera—una mujer que cose para ganarse la vida

el disfraz—un atuendo utilizado para ocultar la identidad de uno mismo

registrar—anotar algo en una lista oficial

responder por alguien—garantizar que alguien está diciendo la verdad

sordo—no poder escuchar en lo absoluto, o escuchar muy poco

SITIOS DE INTERNET

FactHound proporciona una manera divertida y segura de encontrar sitios de Internet relacionados con este libro. Nuestro personal ha investigado todos los sitios de FactHound. Es posible que los sitios no estén en español.
Se hace así:

1. Visita *www.facthound.com*

2. Elige tu grado escolar.

3. Introduce este código especial **0736866191** para ver sitios apropiados según tu edad, o usa una palabra relacionada con este libro para hacer una búsqueda general.

4. Haz clic en el botón **Fetch It**.

¡FactHound buscará los mejores sitios para ti!

LEER MÁS

Freedman, Florence B. *Two Tickets to Freedom: The True Story of Ellen and William Craft, Fugitive Slaves.* New York: P. Bedrick Books, 1989.

Isaacs, Sally Senzell. *Life on a Southern Plantation.* Picture the Past. Chicago: Heinemann Library, 2001.

Moore, Cathy. *The Daring Escape of Ellen Craft.* On My Own History. Minneapolis: Carolrhoda Books, 2002.

BIBLIOGRAFÍA

Craft, William. *Running a Thousand Miles for Freedom: The Escape of William and Ellen Craft from Slavery.* Athens, Ga.: University of Georgia Press, 1999.

The New Georgia Encyclopedia. Georgia Humanities Council and the University of Georgia Press. http://www.georgiaencyclopedia.org/nge/Home.jsp

Sterling, Dorothy. *Black Foremothers: Three Lives.* Old Westbury, N.Y.: Feminist Press, 1988.

Tiffany, Nina Moore. "Stories of the Fugitive Slaves." *New England Magazine.* January, 1890.

White, Deborah G. *Aren't I a Woman?: Female Slaves in the Plantation South.* Rev. ed. New York: W.W. Norton, 1999.

ÍNDICE